Archivo de la delicadeza

SHADAY LARIOS

Archivo de la delicadeza

Ediciones La uÑa RoTa

Archivo de la delicadeza

Primera edición: noviembre de 2023

Copyright de los textos:
© Shaday Larios, 2023

Diseño de cubierta y maquetación: Arcadio Mardomingo

Fotografía de cubierta:
Archivo del MNAD
Foto de Jomi Oligor

© 2023, de la presente edición:
Ediciones La uÑa RoTa /
Agencia El Solar. Detectives de objetos

La uÑa RoTa
Apartado de correos 380
40080 Segovia
Correo electrónico:
ediciones@larota.es
www.larota.es

Depósito legal: SG 202-2023
ISBN: 978-84-18782-41-1

Impresión:
Villena Artes Gráficas

Archivo de la delicadeza es una coproducción de Agencia El Solar. Detectives de objetos, Festival de Otoño de Madrid 2023 y el Museo Nacional de Artes Decorativas.

Creación, realización e interpretación de Shaday Larios y Jomi Oligor.

Índice de textos

El futuro de los museos está dentro de nuestras casas.

Orhan Pamuk

Esta escritura, a medio camino entre la literatura y la etnografía, nace de una residencia de tres meses en el Museo Nacional de Artes Decorativas (MNAD) junto a las trabajadoras y trabajadores y los más de 80 000 objetos de su colección. En mayo de 2023 la dirección del Festival de Otoño de Madrid llamó a nuestra Agencia El Solar. Detectives de Objetos (teatro de objetos documentales *in situ*)[1] para comisionarnos tal trabajo de detección en el lugar. En este caso, los detectives operativos fuimos mi compañero Jomi Oligor y yo misma. Nos convertimos en una especie de detectives de objetos investigando a otra especie de detectives de objetos y su entorno: este es el informe de las revelaciones sociomateriales aparecidas en ese encuentro. La escritura se basa en conversiones literarias de los testimonios, de las entrevistas y de nuestras propias observaciones; se basa en el tejido de algunas especulaciones poéticas en torno a las cosas según lo que hemos escuchado en la cotidianidad del museo.

---

1 Para saber más: www.agenciaelsolar.org

Durante nuestra estancia, y por aquello que se desveló, adoptamos el lugar como *un museo de las cosas contenido en un archivo de la delicadeza*. Un archivo, más que una casa ordenada, es a veces un lugar disperso que nace de la vitalidad del caos temporal, de los vacíos, de la huella sobre huella de metamorfosis ideológicas impregnadas en la piel que recubre los espacios. De lo que se arremolina en el vaivén de las designaciones y sus contextos políticos: esto ya no es el Museo Nacional de Artes Industriales, ahora es el MNAD, aunque desea llamarse de otra manera. La idea de «archivo» en el «archivo de la delicadeza» se posiciona en el propio movimiento temporal de estas formaciones, y es un pequeño repositorio de gestos, emociones, ficciones, recuerdos, sueños, disposiciones humanas y no-humanas que acontecen de sólito en la custodia de los objetos museísticos que tienen, frente otros objetos del mundo, una vida privilegiada. Acontecimientos aparentemente insignificantes, a veces invisibles, que no suelen tener cabida en los formatos administrativos de una institución pública vinculada al patrimonio. Las fichas de registro en el archivo oficial del museo –las de antes de la digitalización– son mirillas a muchas manos, que, desde 1912, han pasado por aquí. Enredaderas de grafías y tintas distintas, máquinas de escribir de varios tipos que apuntan datos en el intento de completar aquello que siempre le falta al objeto y lo deja huérfano de historia. Un esfuerzo que se comparte y hereda, descifrándose en colectivo la ruta de una sola cosa. Porque muchas de las fichas están inacabadas, hay información perdida sobre la biografía y formas de ingreso de los objetos debido a la ausencia de un sistema de documentación previo como el que regula ahora los museos de la Subdirección General de Museos Estatales.

En el «archivo de la delicadeza», las piezas y sus restos completan su memoria con cartelas íntimas que se escriben con los pequeños vínculos, sensaciones e instantáneas de experiencia más inmediata que buscan llenar, desde otro lugar, las descripciones y las catalogaciones razonadas de las colecciones. Cuando la historia lejana se desvanece quizá pueda completarse con la historia más cercana. Percepciones que dibujan una política de lo sutil en donde lo patrimonial se hace poroso y deriva, se hace asociativo y temporalmente denso con lo inmediato de las vidas que lo cuidan, o con las historias de vida de quienes donan sus pertenencias.

El MNAD se encuentra en un proceso de transformación en búsqueda de otra idea de museo, y pensamos que, en parte, el que nosotros, detectives de objetos, estemos aquí, y que este pequeño libro exista, tiene que ver con ese cambio. Nuestro agradecimiento tanto al festival como al museo por habernos convocado a esta residencia, a las trabajadoras y trabajadores por habernos dado esta invaluable lección de vida sobre la potencia de las cosas, la potencia de la cultura material. Este informe poético contiene a su vez algunos textos de la pieza de teatro de objetos documentales –*Archivo de la delicadeza*– estrenada en las instalaciones del museo, dentro de la edición 2023 del Festival de Otoño.

Prefacio del plato hondo

En las baldas de los almacenes hay un temblor cotidiano que recorre los objetos.

Es el deseo de que perduren.

Es el deseo de que sigan aquí para testimoniar, pase
lo que pase.

*Se ilumina un plato hondo, tiene una cirugía alargada
que le atraviesa todo el cuerpo.*

Un plato hondo lañado nos mira con las grapas de
hierro que han contenido su fractura a través de los
siglos.[2] Nos mira dignamente con su cicatriz expuesta
y nos dice:
–La delicadeza puede ser aquello que aparece durante
o después de un temor de descomposición.

_____

2 La laña es una grapa y lañar es una antigua práctica casi extinta
de reparar utensilios de cerámica, loza o porcelana a través de
lañas.

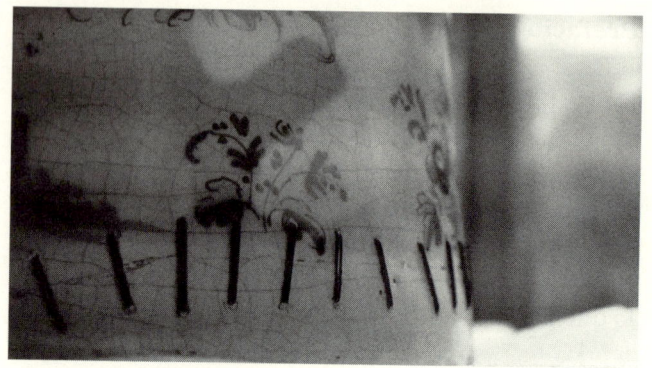

Objeto lañado. Foto de Jomi Oligor. Colección del MNAD.

El plato no callará porque las cosas aquí, a cambio de que les sea concedido un intento de inmortalidad, están dispuestas a hablar, a decirlo todo en una tribuna de las cosas, pase lo que pase.

El plato hondo lañado dice:
–Un archivo de la delicadeza puede ser un nido de gestos que suceden imperceptibles entre nosotros y los cuerpos que nos acompañan para no hundirnos debajo de la tierra. Y si nos hundimos es para que se mantenga con vida nuestro reclamo de tener un lugar como testigos de todo aquello inapreciable que ha tocado y tocará nuestra piel.

La luz ahora brota de adentro de la hondura del plato, se hacen más visibles sus grietas, las grapas de su cicatriz. La luz forma un destello de luminosidad frágil mientras con ella suena una descomposición de sonidos que crece despacio, atrapada en su interior: es el temblor cotidiano que recorre las cosas. Se escucha como una lluvia de vidrios que no se rompen. Una lluvia suspendida de metales, de cueros, de porcelanas, de maderas, de marfiles, de piedras duras, de tejidos, de papeles que se rozan copiosos sin caer y suenan al eco del tiempo. Al murmullo de muchas manos ya ausentes que se encuentran con las manos vivas en la piel de las cosas que custodian y hacen un conjuro sin palabras para vencer a la muerte, vencer a la muerte de las cosas.

En este palacio del siglo XIX hubo una vez una plaga de avispas que anidó en una moldura y un lucernario que desapareció

Es de noche, el museo ya cerrado comienza a iluminarse entrecortado por la linterna de Emilio, que forma parte del equipo de seguridad. En la entrada hay una escalera de servicio y una escalera imperial que, ahora, una enfrente de la otra, y con un vestíbulo de por medio, se utilizan indistintamente. En el suelo hay grietas disimuladas entre los mosaicos que ya estaban ahí. Hay un ánima sonora cuando las personas se van y se apagan las salas. Hay un sonido contundente de madera que cruje cuando se sube por la de servicio, sumatoria de pasos que han orquestado una ruta fija sobre una materia como esta que rumora. Dicen que los objetos se aclimatan, ellos saben aclimatarse si no los mueves mucho de lugar, aunque a veces, en verano, escuchas en la lejanía del tercer piso el quejido de algún mueble. Puede ser otra vez el libre albedrío de la madera, que cuando sigue viva, no sabe de silencios.

Emilio, al enfocar hacia el portal principal del lugar, alumbra los dos espejos confrontados que tienen más

de tres metros de altura. Espejos que por su coloca-
ción vuelven infinito momentáneo la imagen de los
cuerpos que capturan en su tránsito de la calle al
interior y viceversa. ¿Será que la piel de los espejos
se gasta al ser almacén invisible del tiempo corporal
humano? ¿Será que les consume mirarnos?

Palabras de una artista, antigua colaboradora del
museo, Victorina Durán, sobre su armario de luna:

> Yo sé que, en su espejo, en su azogue, está mi madre, estoy yo.
> Ahora me miro, tengo muchos años más [...], pero en esta figura
> de hoy están todas las anteriores. [...] Vuelvo a acercar mi mano
> a la luna e igual que antes me corresponde fiel. Esta luna bise-
> lada las guarda fielmente igual que mi recuerdo [...] es el mejor
> álbum de fotografías que tengo, [...] los espejos son los que nos
> dan hoy fielmente la realidad de nuestros sueños pasados.[3]

Esta confrontación de los espejos –esfinges en la
entrada del museo– parece una advertencia general
de todos los objetos que aquí viven: quisieran que eso

---

3 Victorina Durán, *Mi vida*, «El rastro. Vida de lo inanimado»,Vol
2. España: Publicaciones de la Residencia de Estudiantes, 2018,
p.55.

que han mirado no se desvanezca porque puede contener trazas de infinito.

La luz de la linterna de Emilio llega a los planos del sitio, vemos cómo un dibujo envuelve a otro, un edificio nuevo completa al más antiguo y los conecta por pasadizos. Perderse aquí es entrar en un laberinto de escaleras que llevan a accesos inesperados, puertas camufladas entre las exposiciones que conducen a los archivos, a la sala de registro, a la biblioteca, a las oficinas, a los almacenes, al sótano, al refugio de los trajes, a la caja fuerte, a la estancia de conservación y restauraciones, a la de fotografía, a la carpintería, al comedor, a la lavandería, al habitáculo de vigilancia, a la capilla ahora almacén –en la que quedan rastros de lo que fue la museografía de ambientes– y luego otra vez, sin saber bien cómo, a las exposiciones públicas de los objetos.

El museo es también todo eso que no se ve.

Y un objeto custodiado no podría dar cuenta de lo que día a día pasa, y ha pasado, a su alrededor, en un espacio tan minúsculo como una cartela expositiva.

¿Qué es lo que miran los objetos? ¿Verán cómo esta arquitectura intrincada se traspasa a los sueños de las personas que aquí trabajan revelándose siempre expansiva, siempre otra? Un museo alterno que se va formando a través de las noches y en donde persevera el miedo a que, después de tanto, lo frágil así de pronto pueda caerse de las manos. O un embalaje que no culmina. O el temor a que las cosas un día ya no quepan debido a esta contienda cotidiana de liberar rincones para ajustar una colección incesante que no para de crecer. La colección inacabable que provoca de vez en vez una sensación de vértigo cuando abres un armario detrás de otro sin llegar al fondo. Y es que el deseo de cuidar puede ir acompañado de la intranquilidad a que las cosas irrepetibles se dispersen, se extravíen definitivamente en el mundo, pudiendo resguardarse aquí.

¿Qué es lo que miran los objetos? ¿Verán a Emilio iluminarlos por las noches mientras son soñados por los trabajadores y las trabajadoras en alguna casa de la ciudad?

Emilio se detiene y contempla con la linterna una a una las figuras del belén napolitano. Hay un lenguaje de las sombras de las figuras que solo aparece con el halo de esta luz que las vela. Se desdoblan como si fueran un teatro de su memoria, un teatro familiar. Un teatro de cuerpos de armazón de alambre con alma de estopa, extremidades de madera y cabezas de barro que le traen escenas de las Navidades en su casa. Después, se pierde en el continuo de las noches de ronda sin miedo, porque parece que los objetos van contigo, dice, que los objetos también te cuidan a ti.

El museo es, además, todo eso que no se ve.

Cartela íntima de un libro-enredadera[4]

Sofía va a la biblioteca en búsqueda de un libro que le recuerda por qué desde hace años todas las mañanas llega a este museo y ocupa la silla de la dirección. Un libro sin ilustraciones que para ella está lleno de imágenes: ve aparecer desde el fondo de las páginas una enredadera que cruza el tiempo y envuelve el instante, los archivos, las personas, las colecciones, las adquisiciones, la sobriedad que tanto trabajo ha costado devolverles a las salas después de una dictadura, viene la liana, viene desde lejos rodea la identidad en sí de este lugar, las puertas cada vez más abiertas, las sacude para darle continuidad a una primera fuerza.

Se coloca los guantes. Saca el libro de una caja especial que lo protege. Lo acomoda sobre un cojín adaptable para que no sufra su materialidad frágil. Lo abre despacio en un ritual de visita que practica desde que era niña. Ha perdido la cubierta. Está involuntariamente despiezado en fascículos. Tiene el papel friable, se ha

---

4 Este texto tiene como trasfondo una presentación que hizo Sofía Rodríguez Bernis, directora del museo, para el proyecto de innovación docente «I love this book» de la Universidad Complutense de Madrid, disponible en el canal de YouTube del MNAD.

acidificado con los contaminantes de la luz, por el paso del tiempo, y por la propia naturaleza endeble muy vivida de estas hojas. Retira la primera página suelta, vacía, una página de cortesía. Lee el título: *Catálogo Provisional del Museo Pedagógico.* El museo que dirigió Bartolomé Cossío y que fue desmantelado en 1941 en el proceso de depuración del magisterio español. Cossío, ligado a la Institución Libre de Enseñanza, a la Junta para la Ampliación de Estudios, al Instituto Escuela, a todo un movimiento que dominó una época de la pedagogía española, doblegado por la guerra civil, por la dictadura, y del que el museo, que Sofía dirige, formaba parte. Debajo del título se encuentra con una inscripción entre paréntesis: *(no se vende).* No es un libro venal. Es un objeto que quería llegar sin impedimentos a quien tuviera interés en mejorar la enseñanza de las artes industriales en el país. Otra inscripción dice que es una donación de su primer propietario, Luis Pérez Bueno, que fuera el primer subdirector del MNAD, antes llamado Museo Nacional de Artes Industriales. Luego, en otra zona de la página está el propio sello del MNAD, colocado ya cuando el museo cambió de nombre en 1927; sellar los libros, una costumbre que según los bibliotecarios no ha sido tan buena pero que funciona como medida cautelar.

Pasa una a una las hojas a punto de soltarse, recapitula las secciones que buscan poner a disposición de maestros y maestras referencias, materiales, técnicas y procedimientos de trabajos manuales «populares», cotidianos, replicables en las aulas. Recuperar la memoria de estas habilidades para inducir una educación reflexiva del por qué las formas son como son y cuáles son sus relaciones con las tramas humanas. Avanza en las páginas y se detiene en las «labores de aguja», encajes, pasamanerías, bordados, paños, tiras, dechados, pañuelos. Acopio textil de hechuras remotas y cercanas, que en este museo también se sigue haciendo y llena una gran parte de los almacenes.

Pero el libro-enredadera se sale de sí mismo completamente cuando, entre el papel friable, se aviva también la historia más personal de Sofía. Porque creció en un ambiente derivado de esta pedagogía, su padre, lo mismo que su madre, fueron a la Institución Libre de Enseñanza, al Instituto Escuela. Ella misma asistió al Colegio Estudio heredero de esa tradición, accesible solo para algunos pocos de manera casi secreta durante el franquismo. Todo lo que hay en el libro le ha construido una actitud ante la vida, y sabe que no estaría aquí si no fuera por eso, así como el libro no venal quería llegar a quien lo necesitara sin costo, ella defiende la igualdad en el museo, la ausencia de clasismo. Un museo-foro, un museo comunicativo, con las personas como cocreadoras, abierto a todo tipo de colectivos. La materialidad sobria que tiene entre las manos metamorfosea en tacto, en objeto, esas luchas. Aquel ambiente pedagógico intelectual reivindicaba la mesura por sobre el lujo y el despilfarro, y eso, piensa, se puede ver en la edición de este libro-enredadera, que se acompasa en el presente con la continuidad reinventada de aquella fuerza que lo vio nacer. Sofía lo guarda en su caja y otros días volverá abrirlo, para compartir públicamente su ritual de visita.

Campo de lino en un pañuelo

Fantasía visual sobre la enrevesada vida de los tejidos[5]

Las catadoras de hilos extienden un trozo de tela
sobre la mesa.
Alistan sus instrumentos, las lámparas, las libretas,
parten hacia una expedición al interior del retal.
–Número 21 463 –dicen.
Como atraídas por un agujero negro
la mitad de sus cuerpos se reclina,
si no supiéramos qué hacen,
imaginaríamos que dormitan o lloran,
pero han entregado sus ojos a las lupas cuentahílos.
En la intensa cercanía se abre paso el cine lento de
los zurcidos.

Cine lento de los zurcidos:
En el lateral bajo izquierdo del trozo de tela,
se divisa a lo lejos una mancha azul violácea de flores,
es un campo de lino,

---

5 Algunos lunes asistimos a la catalogación de tejidos que llevan
a cabo en el museo la especialista en la materia María Dolores Vila
Tejero, junto a la directora Sofía Rodríguez Bernis y el subdirector del museo, Félix de la Fuente. Esta fantasía visual se origina de
esa observación.

los tallos largos y huecos se mecen dóciles de un lado
a otro con el viento,
la tierra es arcillosa, los rayos son los de una luz extinta.
Se ven desprendimientos de tierra,
despedidas de semillas de linaza,
repiques de rocío que ablandan la planta,
suciedades de manos que separan fibras.

Catadoras: La sujeción de los hilos es muy tenue.
Ni si quiera recién estrenada la tuvieron,
apenas se sostienen.
Es muy fácil que se rompa, pero resiste.

Hacia un cuadrante alto derecho de la urdimbre
de la tela,
entre la débil densidad de los hilos,
se oyen pequeñas hebras de sonidos:
murmuraciones de mujeres entre telares,
la fatiga de los dedos, el crujido de una espalda,
una canción que habla de trenzados en el cabello
de las hijas,
que el trigo está seco, que la leche escasa,
un hilo que se desalinea de los otros,
ruiditos de adioses y grillos entrada la noche,
y una vieja voz:

María Dolores Vila Tejero, investigadora de tejidos. Foto Jomi Oligor.

No sé qué quedara en estos paños de la memoria de
nuestros nombres.

Catadoras: Por aquí se puede seguir el rastro de un doblez.

En el centro de la trama marcada por un pliegue,
se ven las huellas de dedos enguantados
de setenta y dos alumnas que en 1919
vinieron a la antigua sede para copiar dibujos
y motivos de bordados antiguos españoles.
En un milímetro cuadrado de costura
se quedó enganchada la lectura en voz de alta
de la ficha n.º 97 del fondo antiguo del archivo:

«Bordado de mariposa en el centro y elementos florales en los ángulos-colores crema.

Proyecto del profesor Pérez Dolz ejecutado con destino al fondo de enseñanza práctica de este museo».

Los cuentahílos de las catadoras se desplazan en el interior de la mariposa y las flores,

se ve cómo sus líneas se van desintegrando en fases,

hay una regresión de las figuras hacia su ser boceto.

Aparecen los diseños previos de alas y pétalos

desentrañados en pasos sucesivos,

anidados unos encima de otros,

que descompuestos evidencian trazo a trazo,

el paisaje de ida y vuelta que va de la ausencia a la presencia de la forma.

Catadoras: Esto no es lino. Que sí, pero estará muy usado. Tiene aspecto de lana.

A ellas les gustaría coger algún hilito del borde del dobladillo, sujetarlo con pinzas y quemar con un mechero una de las puntas. Soplarlo, olerlo de inmediato. Porque si oliera a cuerno quemado sabrían que es de lana, y si oliera a papel, sabrían que es de fibra vegetal. Pero no lo harán.

–Número 21 464 –dicen ante un nuevo recorte en el que se abisman con sus lupas.

Catadoras: La mano que hizo esta parte no es la misma que esta. Además, miren la diferencia de color que hay de un lado y del otro, eso es por la luz que le ha dado. Seguramente estuvo expuesto.

Al moverse hacia la parte oeste del recorte
se encuentran insertos de otras telas reutilizadas,
entre capas de remiendo tras remiendo
se abre un inventario de retazos,
un pasadizo en el cual entrar y en el que, por un instante,
aparecen superpuestos como fantasmas
los otros retales-monstruo
que hay en el museo,
criaturas huidizas y hoscas,
que una vez juntas se hacen fuertes y
reclaman traductores para su propio
idioma de cicatrices.

Catadoras: Es un trozo de dalmática que tiene mucho recorrido. *Escriben en sus libretas.* Tenemos que hacerles justicia a estas maravillas reutilizadas.

Catadoras: Es que hay tantos accidentes que puede tener una cosa antigua. Me encontré una tela de seda espolinada de Valencia del XVIII haciendo de cortina en un gallinero de mi pueblo. Le costaría muchísimo dinero a esa labradora, pero lo han usado tantas generaciones que imaginen que un día alguien derrama una colonia encima y lo estropea ahí, justo en la parte que más se ve. Entonces se les ocurre ponerlo de cortina, y cuando ya está deshecho por el sol, va y lo pasan al gallinero. Cómo sería de único que yo lave el trozo que me regalaron, está ya muy desgastado porque ha tenido muchas lavadas.

Catadoras: Y en los almacenes te puedes encontrar por ejemplo con un tejido que primero fue utilizado en el traje de una mujer, luego van y donan el atuendo a la iglesia, se lo colocan a la virgen adecuándolo a su efigie, ya cuando lo ven viejo, se hace con eso un paño para el altar. Más tarde llega un anticuario, se lo encuentra destrozado y le pone un terciopelo carmesí de fondo, lo enmarca y a venderlo. Alguien lo desenmarca y, con el tiempo, te lo traen aquí, ya agonizante ¡Y con todo lo que tiene que decir!

–Del número 21 465 al 21 479 son casi descomposicio-
nes –dicen.

Cine lento de los zurcidos desahuciados

Cada fragmento es del tamaño, o menor,
que los cuentahílos.
Comienza un ritual de suavidad radical al disponerlos.
Las catadoras no volverán a hablar,
entregadas como están,
al manejo sosegado de su lente,
frente el resto del resto que aún respira,
en la contención tensa entre su vida y su muerte.
Los más desnutridos dejan ver
su textura fibrosa interna,
como aquella esquinita de una banda decorativa
egipcia del siglo I,
o ese pedazo turco del siglo XVII en ligamento
de raso roto en siete partes,
o el dechado en tejidillo negro
recolectado en los años sesenta
por las hermanas Alfaya en Segovia.

Anochece,
hace horas que el museo está oscuro
y desierto de personas,
pero las catadoras seguirán indiferentes a lo que
sucede afuera de su cuentahílos,
reclinadas, enredadas
en las entrañas más hondas del
cine lento de los zurcidos.

Cartela íntima de una pintura del siglo XIX de Raimundo de Madrazo y Garreta

El retrato del niño que mira fijamente sigue con los ojos a José cada vez que lo observa de reojo en el almacén. Es un niño de rostro perturbado que le inquiere. Pero José además de mirarlo a él, mira los pliegues, la plasticidad del lazo azul pálido amarrado a su cuello. El enigma social de la forma ajustada, así firme, en un cuerpo infantil. Verle tan solitario en la oscuridad de los objetos que no se exponen, le ha llevado adoptarle sin moverlo. Una protección mediada por un bautizo: tiene cara de Ignacio, dice, y desde entonces lo llama así. Con eso imagina que colma por unos instantes la tristeza del niño, el desconocimiento de los hechos que lo hacen mirar así. Cuando se encuentra con el pesar del niño Ignacio, José se pregunta quiénes serán todas esas personas anónimas retratadas –la mayoría mujeres– que muchas veces se quedan sin nombre y sin historia detrás de la firma de los artistas.

En la sombra de los animales[6]

Desembalamos al compás del respiro dos cajas.
Una a una caen las envolturas de cartón y luego otro
revestimiento más delgado adentro.
Aparecen dos loros de filigrana casi iguales.
Cada uno está sostenido en un peñasco junto a un árbol
pequeño, también de filigrana.
Son alhajeros, debajo de los paisajes hay unas gavetas.
Ahí guardamos el fragmento de un documento encon-
trado por Nuria, investigadora del museo,
conservado en el Archivo General de Indias:

Carta dirigida al rey Carlos III

Cajón n.º 14 (que venía en el navío Juno).

Precauciones para su conducción de Cádiz a la corte. Por la
delicadeza de su obra parece forzoso deberse conducir ambos
a mano y con el cuidado de que no reciban el menor golpe, pues

---

6 Cuando le preguntamos a la investigadora Nuria Moreu Toloba
por un objeto del que se conociera parte de su biografía más
remota, nos habló de las piezas protagonistas de este texto. Una
mañana, recorriendo el vasto almacén, llevábamos sus fotos para
preguntar por ellas, y en el instante en el que lo íbamos a hacer,
aparecieron por sí mismas en el fondo de una vitrina, camufladas
entre miles de otras piezas. Nos pareció que había algo que los objetos querían contar.

se quiebran fácilmente por más que se ha procurado estirar con papel suave y en los mismos cajones que vinieron desde el puerto de Cantón: lo más mínimo que padezca la obra creo no se halle en la corte quien los componga y aunque no es alhaja que merezca tantas precauciones sería posible que por su omisión se desluciese el primor del trabajo.

Manila, 10 de enero de 1775

Simón de Anda y Salazar

Ningún objeto en el museo está avalado por un documento tan preciso,
de cómo las personas cambian la velocidad de su tiempo
para cederlo al tiempo de las cosas,
248 años de esa suspensión para
poder verlos esta noche.
Los loros llegaron de China a Manila,
cruzaron en navío el Pacífico hasta México,
luego por tierra al puerto de Veracruz,
luego otra vez el Atlántico hasta Cádiz
y de ahí a Madrid.
Como eran un regalo para el rey,
estuvieron antes en la corte de Carlos iii ,
en la sala de alhajas del Real Gabinete,
en los depósitos del museo arqueológico.

Alhajero de filigrana. Foto Masú del Amo. Colección del MNAD.

¿Qué favores políticos esconderían entrelíneas al ser obsequios?
¿Si estos loros hablaran, qué dirían?

Encendemos una luz diminuta frente a ellos que los metamorfosea en sombra.
Sus hilos metálicos se expanden en una urdimbre vuelta atmósfera, sus figuras engrandecen y se vuelven colosos que cuidan no solo de la vida de los pájaros.

Aún se ven en la orilla de las alas rastros turquesa de
injertos de plumas reales.
Podrían ser de un Martín Pescador o Picapez quizá
capturado en China,
o en Filipinas, algún día del siglo XVIII.
Su espalda también se abre como guarida,
–era para guardar lunares, decían–.
Uno de ellos está desalado. Otro por poco tuerto.
Accidentes menores si pensamos en su fragilidad
remota venida de tan lejos.
Para llegar a la corte no se sabe si
los habrán llevado andando,
como lo hicieron con el elefante asiático enviado
dos años antes,
otra vez regalo al rey por el mismo gobernador español
de la colonia filipina.
La gran bestia gris,
un espectáculo en sus cuarenta y dos días de travesía,
con el tiempo fue convertido en pastel,
en pintura, en abanico, vitral,
elefante bordado, elefante en cerámica,
elefante poema,
la enfermedad de la «elefancía».[7]

---

7 Así la llamaba Tomás Iriarte. Escribe en la «Carta escrita a don

Murió cuatro años después
desarraigado y explotado como atracción real,
todavía sobrevive disecado y frente a él,
su propio esqueleto en una vitrina,
y habrá una multitud de animales aniquilados
en nombre de las conquistas,
pero los que se querían vivos
poco resistían a las inclemencias de los viajes.
Quizá por eso llegaría el momento de mandar
en lugar de cadáveres, objetos,
y nunca se imaginaron que después de cruzar los años
embalados en unas manos detrás de otras,
resistirían hasta este día para romperse en sombras
y palabras.
¿Cómo serán las palabras de las cosas que reabren
heridas?

José Cadalso en 17 de enero de 1774: «Te juro por quien soy que
renunciara a toda fama y aplausos al instante, y que por humildad
me contentara con que de mi persona en adelante esta gran Corte
la mitad hablara de lo que da que hablar el elefante. Sacáronle
tonadas y cuartetas; en delantales, cofias, manteletas, elefantes
pintados se veían; y en las mesas por moda se servían elefantes de
carne, dulce y masa». *Fascinados por Oriente,* MNAD, Ministerio de
Cultura, Madrid, 2009, p. 78.

Escuchamos que nos piden un deseo:
hagamos un silencio humano.

*Se enciende una plataforma que los hace rotar sobre
sí mismos.*
Se escucha un hilo tenue de sonidos de aves.
Reunimos otros animales pequeños a su alrededor.
*En el espacio sucede una danza giratoria de la sombra
de los animales.*

POEMA-LESIÓN DE LOS LOROS DE ULTRAMAR

Nos dieron clases de canto,
pero nos negamos.
Nos pidieron hablar chino, mexicano y filipino,
pero nos negamos.
Nacimos para arremedar
y eso nos ha dado permiso de ser irreverentes.
Llegamos a maldecir al rey sin morir en el intento.
Fuimos animales de compañía de sus tristezas
mientras moríamos por dentro de las nuestras.
¿Quién hablará por nosotros?
¿Qué más decir de que hayamos llegado hasta aquí,
más allá de lo que cuentan
los panteones taxidérmicos de los museos de ciencias,

los gabinetes, los paredones de los castillos,
las pajareras de oro y las casas de fieras?
¿Cómo serán las palabras de las cosas que reabren
heridas?
¿Qué imágenes podemos inventar?
¿Tendremos que seguir siendo sombras?
Nuestra irreverencia
pide lesionar al tiempo, sobrevolar,
porque no queremos jugar a la cobardía de algunas
reliquias,
justo ahora que nos dicen especies exóticas invasoras
por haber tenido la osadía de fugarnos de las jaulas.
Si seguiremos sobreviviendo más que
vosotros y vosotras,
sirva nuestra filigrana de enredadera,
sirva la persistencia de nuestra fragilidad de tribuna,
para hablar de otras memorias de los animales,
para h a b l a r d e o t r a s m e m o r i a s,
que nuestra supervivencia pueda ser tan profunda
en su insinuación,
como los mares y las heridas que han visto nuestros ojos.

Cartela íntima de un armario en el almacén del sótano

Cuando Javier abrió por primera vez el armario para buscar una pieza en concreto, no sabía qué más había ahí guardado. Y es que en esta colección de 80 000 objetos, ir a la búsqueda de algo con los cientos de llaves que tienen los manojos, supone casi siempre el encuentro con lo desconocido. Detrás de la puerta metálica vio agrupadas distintas arquetas antiguas, figuras orientales de marfil, cajitas de vidrio y madera, estatuillas religiosas, un viejo metrónomo chino pintado y la penumbra de todas las formas del fondo. Se alejó unos pasos para contemplar el paisaje y ya no pudo moverse, le atestó el golpe de un instante apartado de la corriente del mundo. No había calma en los objetos sino desafío. No había un conocimiento racional de ellos sino la sensación más pura de la fuerza del tiempo. En ese momento no le hacía falta saber nada de lo que decían las fichas para sentir en sí mismo el enigma de las cosas juntas. Y luego sentir así el sosiego que provoca la imaginación, cuando trabajas con lo inabarcable.

Hacerse la cosa pública

Una vez Leticia se compró una mesita estilo japonés. Se le rompió la pata y nunca la reparó. Pero un día, así herida, la donó al museo y la cosa aprobó el examen patrimonial. Algo de la mesita será siempre de Leticia y a la vez no lo será. Pasó de colocar su café ahí todas las mañanas a tener que tocarla con guantes blancos. De guardar la fractura como un pendiente olvidado más en su vida a tener la obligación de arreglarla por ser restauradora del museo.

Y la mesita, como tantas otras, espera su turno en una balda. Su condición es la de esperar. Porque aquí todos los objetos esperan ser expuestos algún día. Algunos saben que quizá nunca les llegue la vez. Como todos esos miles de retales deshilachados, trozos seculares de prendas desconocidas, territorios solitarios llenos de anunciaciones. Mientras los objetos esperan, su cuidado en la conservación preventiva es democrático. Merecen ser atendidos con guantes tanto un rollo de papel higiénico El Elefante como la papelera de Carlos v o el tapiz del profeta Ezequiel. Un secador de pelo Braun tipo 4423 como un escritorio del reino de Aragón del siglo xvi. Una barbie como el San

Vicente Ferrer de plata expuesto en la sala del tesoro. Toda esta variedad de cosas deja ver lo heterogénea que es la colección, materialidades que, desde muy diversos ángulos, épocas, estratos sociales, procedencias, usos, técnicas y manufacturas, permiten rastrear los entramados culturales que rodean las maneras en las que componemos y diseñamos los entornos cotidianos; así como sus transformaciones en el tiempo.

Hay objetos en la vida laboral del museo que son testimonio inmediato de cómo se construye el patrimonio, según sus años de utilidad y un giro de la mirada, porque se les comienza a dar gradualmente un trato diferenciado respecto a los otros objetos del mundo. El umbral entre la cosa pública y no pública se hace latente, se observan las identidades confusas, en tránsito. Una catenaria que de tan antigua fue retirada de su servidumbre protectora para ser ahora ella protegida, catenaria que necesitará de otra catenaria. Cruzaron la frontera destino al bien común un libro de firmas, una máquina de escribir, una lámpara. Y una grapadora viajera entre escritorio y escritorio espera paciente en la oficina del Departamento de Colecciones su próximo ingreso al territorio de lo incorruptible.

Acceder a este estatus le confiere a la cosa pública el compromiso de desbordarse, aunque nadie la pueda tocar, de no ser inamovible, aunque casi nadie la pueda mover –las cosas no solo se mueven con las manos–. Le confiere el compromiso de la atemporalidad: ser discursivamente nueva pese a su vejez, ser lo suficientemente vieja pese a su novedad.

Cartela íntima de un espejo del siglo XIX

Iris, vestida con su traje verde azul de limpiar, asea el barandal que conecta la tercera con la cuarta planta. Aparte de ella, ya solo están los de seguridad en el museo. Pero cuando pasa frente al gran espejo, colocado en el rellano de la escalera, ve pasar como una ráfaga a una mujer rubia con un vestido blanco que no parece de este tiempo. Cada vez que Iris vuelve a limpiar en los alrededores de ese espejo del que no se tiene historia, se detiene más de la cuenta ante el reflejo, por si llegara a asomarse, aunque sea por un instante, la mujer que vive adentro de él.

Detective de objetos. Objeto-caparazón[8]

Catalogas muebles de pequeño formato
revestidos de piel,
cofres, cajas, arquetas,
pero hay un objeto que se insinúa más que todos,
a r q u e t a, así la llaman a esa que te cautiva
–austera, humilde–
y te pide que la escuches:
«Ese no es mi nombre», dice,
«Ese no, no es mi nombre», dice,
¿entonces?
¿qué? ¿cuándo, dónde, quién?

los detectives de objetos pueden llegar a descifrar un
idioma ahí donde parece que no hay nada, ni nadie

ya habías visto una pieza parecida en otro lado
y decides abrir un expediente,
estarás cinco años recorriendo países, museos, archivos,
33 como esta encuentras en el mundo,
siempre «cajas» o «arquetas»,

---

8 Este texto es una versión literaria de la investigación del subdirector del museo, Félix de la Fuente.

pero no, dicen ellas,
llenas tu oficina de sus fotografías,
contrastas, comparas,
haces anotaciones del ángulo de la
apertura de las tapas,
la reducción geométrica de cada forma,
tienen proporción apaisada,
cubierta ataudada con cimera plana,
bisagras en la parte posterior,
cerrojitos, dos asas,
una en el centro de la tapa y otra en uno de los laterales
¿por qué no tienen asa en el otro lateral? –
el revestimiento de piel externo
sujeta las tablillas,
porque la madera es un ensamblaje sin encajes,
por dentro se sujeta con una envoltura de pergamino
pigmentado en rojo,
pegado con cola de colágeno.
Haces analíticas de la madera,
microscopía de superficie,
un viaje interior a la revelación del pino.
Haces una radiografía,
la costilla en expansión que las sostiene por fuera
se asemeja a una gran garra, o a una jaula,
«armazón de hierro forjado,

Estuche de libro. Cataluña, segunda mitad del siglo XIV. Museu de l'Art de la Pell, Vic, n.º 203. Fotografía Félix de la Fuente.

exoestructura de refuerzo autónoma», escribes,
esos refuerzos que parecen costillas
son muy propios de Cataluña, siglo XIV,
y en esta disección anatómica aparece una gran pista,
este engrudado rígido corresponde al de
las encuadernaciones medievales,
eso es,
estas cajas no fueron hechas por carpinteros, deduces,
es obra de encuadernadores,
de personas cercanas a la confección de libros,

te documentas, cientos de fuentes, todo coincide,
en ese tiempo los libros llevaban doble cubierta,
eran libros encamisados,
de tela rica o de piel flexible,
les protegían al ser caros y móviles,
las bibliotecas aún no dormían en estanterías,
rastreas iconografía, imágenes de la época,
ves libros embolsados,
cajas con una sola asa o una correa para llevarlo,
y luego, ese documento de 1342
en Barcelona de Pedro III:
«Te pido me envíes el libro de horas bellísimo que está
en su estuche»,
se trata del devocionario privado hecho
por Ferrer Bassa,
consultas el facsímil de un ejemplar que está en la
biblioteca de Florencia,
–e s t u c h e, soñarás varias veces con ese nombre–
en el libro está pintada una miniatura de
la reina con el propio libro,
la criada en las manos lleva un e s t u c h e,
te estremeces,
lo confirmas,
estas cajas no son cajas ni son arquetas
son e s t u c h e s d e l i b r o s

y algunos serán estuches de libros de horas
un objeto caparazón, resistente, defensivo,
un acorazalibros, que tiene algo de tortuga,
después de tantos años, quisieras tener uno
entre las manos,
uno junto a ti para verlo cuando desees con la lupa,
aunque estén ya perdidos los libros
que llevarían adentro,

los detectives de objetos son justicieros que excavan en
la profundidad de la vida hasta devolverles su verda-
dero nombre

en tu expediente había un estuche perdido,
sabías que perteneció a la colección Traumann,
tenías su fotografía encontrada en un catálogo,
con una herida reconocible:
tenía rota la aldabilla derecha,
un día, entre los envíos que te hace
una casa de subastas de Madrid,
aparece su imagen,
tu corazón se detiene y cauteloso te precipitas,
asistes, lo ves, lo identificas, te emocionas,
nadie puja por él pese que es muy barato,
nadie lo quiere,

nadie sabe lo que realmente es y cómo ha atravesado
el tiempo,
haces un informe inmediato para que
sea adquirido en el museo,
cuando la propietaria, hija adoptiva de Traumann,
se entera,
decide donarlo
porque una de las voluntades de su padre,
era que pudiera formar parte de esta colección
que tú custodias,
el día de la entrega llega
ves cómo el estuche viene a ti desde la lejanía,
lo atrajiste,
lo descubres lentamente bajo la luz
de la lámpara en la oficina
y te sigue hablando, hay algo que falta,
lo contemplas, lo cuidas,
le harás justicia a su verdadero nombre,
en textos, en exposiciones,
pero hay algo que siempre falta,
la hija adoptiva de Traumann
no sabe cómo fue que llegó a manos de su padre
y ese misterio te provoca a seguir con el caso,

un detective de objetos exprime el objeto anónimo hasta
que lo lleve a su primer dueño, a su primera casa, por-
que las cosas suelen guardar consigo una ruta de viaje,
un mapa, que pocas personas saben usar

te das cuenta que este es uno de los cuatro estuches
de los treinta y tres que tienen una marca,
le ves grabada una «I» coronada,
no se trata de una firma del taller, te dice un especialista,
es un monograma,
ejecutado con el mismo punzón y en idéntica posición,
la inicial de una persona que debió ser
de la monarquía,
buscas en tu arco cronológico este tipo de marcas,
encuentras en una serie de platos de Manises
la «V» coronada de
Violante de Bar, reina de Aragón,
en un altar relicario del
Monasterio de Piedra en Zaragoza,
la «M» coronada de Martín «el Humano»,
también rey de Aragón,
– le decían así porque al ser obeso tenía
mucha «humanidad»–
la clave parecer estar en la corona de Aragón,
¿quién podría ser el de la «I»,

si además tomas en cuenta que la J en las
lenguas romances se representaba con la I?
todo apunta a Juan I, hermano de Martín,
esposo de Violante,
amante de los libros, poseedor de bibliotecas,
sientes un escalofrío,
cierras los ojos, lo imaginas,
Juan I, Juan I,
sí, este era el estuche de un preciado libro suyo,
le has devuelto ya dos nombres
a este refugio de páginas,
pero un detective de objetos nunca
da por cerrado un caso
y vas por el tercer nombre,
le toca al turno al herrero, que, según deduces,
lo habrá forjado en Barcelona entre 1340 y 1420,
no hay todavía más pistas,
entretanto,
tú ya has entrado en la historia de este estuche,
y te sientes apenas una presencia ínfima
una partícula,
en la larga,
larguísima vida de este objeto

los detectives de objetos crean una resonancia existen-
cial con los objetos que persiguen,
el vínculo magnético que los conecta los puede atraer
sorteando todo lo imposible.[9]

---

9 Para saber más sobre los principios de esta investigación cien-
tífica de Félix de la Fuente se puede *consultar*: «Estuches de libro.
Análisis funcional de pequeños contenedores», en *Además de*, n.º 2,
2016, revista online de artes decorativas y diseño, Museo Nacional
de Artes Decorativas, pp. 9-44.

Cartela íntima de un sillón del siglo XIX

Paloma deja la mirada fija en el asiento de un sillón esquinado en el almacén donde estaba la capilla. Hay quienes le llaman «besamanos» porque fue hecho para besarle la mano a la virgen. Tiene un orificio en el centro del asiento. Ahí se incrustaban las imágenes de las vírgenes. Paloma, que lleva treinta y un años como conservadora preventiva de las colecciones, sabe que tiene un mueble-problema que no se deja cuidar fácilmente. Una vez se encontró ya un pequeño ángel caído de los diez dorados que rodean la pieza. Y ahora sigue con los ojos el ennegrecido bordado en plata sobre la tapicería, quisiera hacer relucir las fibras de los hilos metálicos, sabe que sería difícil sin estropear el terciopelo rojo. Pero Paloma es una médica veterana de las cosas, ha desmontado objetos enteros para salvarlos de lesiones escondidas que les causaban osteoporosis. Conoce todos los antídotos para que su salud no sea vencida por los deterioros. Junto al equipo del museo, ha hecho que la salud de las materias sea salud para todas las personas: personas sin hogar, personas de la cárcel, personas con enfermedades mentales, niños, niñas, jóvenes, la salud de las materias es expansiva, no es solo para élites. El cuidado preventivo hacia un objeto puede ser proporcional al cuidado emocional de alguien, que un día, tiene un contacto íntimo con él. Y la médica lo ha visto.[10]

Paloma sigue con la mirada fija en el sillón, le inquieta el agujero sin imagen del mueble-problema. Hay algo ahí que no está. Se imagina las vírgenes vestideras con solo cara y manos talladas y sus almas de estopa. Cada vez que ausculta el bordado en plata para ver de qué manera sanarlo un día, piensa cómo lo ausente que deja un hueco en una cosa, es proporcional al vacío que puede dejar una ausencia en una persona.

---

10 Esto ha sido posible mediante el programa de Responsabilidad Social del MNAD disponible en su sitio web.

Diario de una restauradora[11]

Llevamos semanas limpiando milímetro a milímetro
y con bastoncillos, un reloj Zuloaga de sobremesa.
Dicen que era un regalo de María Cristina de Borbón
a Napoleón III en 1865, pero que nunca llegó a sus
manos, aunque sí a las nuestras. Es de hierro damas-
quinado en vidrio, plata y oro.
Por eso, debajo de su negrura, hay una apariencia que
se revela entrecortada desde el fondo.
Esta página del diario podría llamarse así: debajo, hay
una piel que brilla.
De todos modos, nunca se verá como en su primera
vez ante el mundo.
Nos movemos de un lado a otro a su alrededor, en una
danza, o en una batalla de pequeñas raspaduras
que le quitan tiempo al tiempo. En este objeto eso
parece una paradoja.

---

11 Esta es una página que aparece por escuchar y seguir a las trabajadoras del Departamento de Conservación: Paloma Muñoz,
Blanca Aranda, Margarita Arroyo, Julia Ogáyar Sáiz y Leticia Pérez
de Camino y, la estudiante en prácticas, Eva Pareja.

¿Puede desaparecer verdaderamente el registro del paso del tiempo en la piel de un reloj?

Lo que arrebatamos con el algodón es su rango de veterano, veterano de huellas.

Sus arrugas, la vida de sus tactos. Le quitamos la grasa de un cúmulo de manos ausentes.

Por eso, los objetos aquí son intocables.

Se alejan del ánima sudorosa, vibrátil,
de nuestras manos.

Son pieles de contemplación, no de caricia.

¿Será esa su contradicción?

¿Perder la vida interactiva de su piel a cambio de no dejar de brillar?

¿Habrá algo que perderá de su identidad
cuando se decolora?

¿Cuál es su versión auténtica?

¿Limpiarla será profanarla?

¿O en qué fase temporal de su rostro tendríamos que dejarla permanecer?

¿Habrá que dejar partes sucias como testigos?

¿Quitarles tiempo a los objetos les quite algo
de su belleza,

desposeídos como quedan de la falta de experiencia que tiene lo nuevo?

¿Prolongar su existencia será un acto de resistencia

en medio del cansancio de lo sustituible?
¿O deberíamos dejar morir a las cosas en paz?

Mientras me pregunto todo esto,
el reloj nos mira
con medio cuerpo dado a la luz y el otro a la oscuridad.
Que sí, que nunca llegó a manos de Napoleón III,
pero sí a las nuestras.

Cartela íntima de un plato de la colección Torsten Bröhan

Encarna, que ya se jubiló, dice que por sus manos han pasado todos los objetos de este museo. Que los ha cuidado como si fueran sus hijos. Que les ha hablado cuando se quedaba a solas con ellos. Que les ha cosido cientos de fundas. Y que solo, una vez, se le escapó de las manos un pequeño plato de vidrio de vanguardia. Su llorera de ese día abraza para siempre la vida rebelde, ahora resanada, del plato. En sus grietas podría restallar un revés: en la fractura no se percibe un descuido por parte de la custodia sino el impulso de un objeto renuente a la delicadeza. ¿Será que algunos objetos arrojadizos se niegan a por siempre vivir?

La entereza[12]

Una mesa.

De un cajón sale una bolsita con fragmentos.

Nota escrita: «Querida L, encontramos estos pedazos adentro del cajón de un mueble. No sabemos de qué objeto son».

Las manos de L tienen el vicio de proteger las partes más minúsculas de los cuerpos rotos.
Les construye nidos, son nidos de las cosas partidas que esperan una posible reconciliación.

Se coloca sobre la mesa una caja con la complexión des-moronada de una pequeña barca de marfil.

Nota escrita: «L, aparecieron más partes de la barca china de 1788 que venía de Manila. Es esa que tanto te gusta, ¿ya sabías que la trajo de su expedición Juan

---

12 Este texto nace a partir de dejarnos guiar durante varios días entre los nidos de fragmentos de la conservadora Leticia Pérez de Camino.

Fragmentos de abanicos incautados. Foto de J. Oligor Colección MNAD.

de Cuéllar para el Real Gabinete de Historia Natural? A ver si ya juntamos las piezas para terminar este puzle».

Cada vez que las encuentra les hace una promesa de entereza, les dice:
¿cómo vas a testimoniar sin totalidad?

Salen más bolsitas con fragmentos de los cajones.

Medias partes de asas, trozos de molduras, añicos de porcelanas,

manitas y deditos, querida L:
tus cajones no son osarios, son constelaciones,
tus cajones no son fosas, son relámpagos.

Sale un resto de abanico.

Nota escrita: «L, Encontramos otra parte suelta de un
abanico incautado en la guerra civil, me refiero a los que
terminaron aquí porque nunca fueron reclamados».

Para ti, L, son pétalos alargados de madera, carey y
nácar,
frases extraviadas que se clavan en tus manos y te
hablan de una forma de la muerte.

Sale otro resto de abanico.

Nota escrita: «L, aquí hay otra fracción de los abanicos. Con este ya son más de treinta».

Para ti, son mensaje confusos y desesperados que no
terminan de encontrar cuál es su lugar en el mundo
de las cosas.

Sale un jarrón blanco-azul de porcelana que está res-
taurado. Se enciende una luz con rayos UV que lo ilu-
mina, puede verse el pegamento que une sus partes.

Nota escrita: «L, gracias por devolverle la vida a esta
pieza. ¿Cómo pudiste encontrarlo todo si llegó tan
rota al museo desde el fondo del mar? ¿Viste cómo
tiene la capa de sal? ¡Sal de la costa de Vietnam! Por
ahí hay más porcelanas despostilladas del naufragio
del Vung Tau, pero mucho me temo que no se podrán
encontrar los pedacitos faltantes, se habrán quedado
enterrados en la arena desde el siglo XVII».

Se apaga la luz y se guardan todos los fragmentos.

Después, tus manos junto a otras manos harán
simulacros de traslados con el peso
de objetos imaginarios,
adoptarán sus formas encorvando los dedos, reco-
giendo las palmas,
y así los veremos andar,
sosteniendo figuras de aire por los pasillos,
subirán con escaleras a las vitrinas más altas
y guardarán despacio los fantasmas de las cosas
antes que sus pieles,

para que no sea aquí que se partan,
pero esta sensación de entereza ya no podrá irse
nunca de tus manos,
la tienes adherida como un pacto,
y cada vez que toques un fragmento para anidarlo
volverá tu promesa, querida L,
protegida por un mapa de azares y el cansancio
de los escondites,
de ser escondites.

Cartela íntima de la Agencia El Solar.
Detectives de objetos

Una de las bibliotecas del museo se ha convertido en
nuestra oficina. Dos pisos sin techo entremedias uni-
dos por una escalera de madera y paredes de libros
que absorben nuestras voces. Llevamos ya días aquí
y no habíamos visto las puertas pequeñas. Abrimos
despacio la más escondida, es tan profundo y oscuro
adentro que encendemos la linterna, parece que no
hay nada, pero en el último instante la luz pasa por
encima de la piel negra de un animal. Uno de nosotros
grita, el otro da un salto hacia atrás. ¿Compartimos la
biblioteca con una fiera disecada? Alumbramos gruta
adentro a la espera de encontrarnos con la mirada fija
de un reptil, pero en su lugar, se va revelando un libro
de proporciones inmensas. Es tan grande que con los
guantes puestos lo sacamos del abismo y lo cargamos
entre los dos. Su presencia sobre la mesa transforma
todo el espacio. Nos damos cuenta que nunca estuvi-
mos solos aquí. Su cuerpo pesa una buena parte de lo
que pesa el nuestro, después sabremos que nos lleva
más de 800 años de vida. Se impone dejándonos inmó-
viles y en silencio hasta que nos atrevemos a abrirlo
con temor y casi pidiéndole permiso. Tapas de madera,

piel, pergamino con letras grandes pintadas y en latín, miniaturas, varios pliegos resarcidos, notas musicales y pentagramas. Nos dirán que es un cantoral del siglo XIII que perteneció a algún convento desconocido. Que es así de grande para que los o las religiosas pudieran leerlo en la distancia. Que de hecho a los cantorales les decían «becerros» en los monasterios y catedrales porque de su piel se encuadernaban. Algo de ese devenir animal nos habló a través de este libro-bestia, el primer objeto que nos ha hecho gritar porque nos ha rugido desde el fondo en donde estaba refugiado sin ser visto. Pues ninguno de los trabajadores actuales sabía que estaba ahí, aunque sí constaba su guarida en el registro, perdida entre miles de otros números. Desde que salió ya no lo hemos vuelto a ver y quizá ese era su reclamo: salir y no retornar a aquella oscuridad.

Donantes de objetos

Un día un grupo de hermanos vino a donar una colcha del siglo XIX que había sido de su familia durante varias generaciones. Uno de ellos, de unos setenta años, que hizo un repaso de sus ancestros a través de la colcha, lloró. Lloró por lo que significaba el desprendimiento de algo tan querido. Lloró por presenciar el traspaso de una frontera. Lloró por sentir cómo lo personal es capaz de transformarse en legado. Las emociones de esos hermanos no quedaran registradas en ningún lado más que en la memoria del trabajador que los recibió para hacer los trámites de ingreso. ¿En dónde habría de almacenarse lo que observan y sienten los que presencian el cambio de ruta de las posesiones, por ese vaciarse de las casas, por la muerte de alguien en una familia? ¿Cómo documentar cuando se vive lo extraordinario en el momento de una donación para que se haga visible desde el testimonio laboral la estela afectiva de las cosas? ¿Y si se añadiera un apartado para estas impresiones en las fichas de registro?

La colcha, como otros objetos donados, está en el limbo del museo llamada «sala de registro». Un lugar incierto o zona de nadie, en donde pueden permanecer mucho tiempo sin pertenecer ni a unos ni a otros, hasta que, tras un informe de valoraciones y el relleno de varios papeles, el Ministerio de Cultura los acepte. Mientras, se suspenden de sí mismos sin por eso liberarse de todas las capas que aloja su piel. Esa sala es un rito de paso de los objetos que los prepara para hacerse expansivos y deseablemente no amnésicos de su historia previa al ingresar a otra fase de sus vidas. En algunos expedientes hay imágenes que lo atestiguan. Porque se intenta, cuando es posible, que una constelación de evidencias de los usos acompañe a las cosas dándole respaldo. Como el expediente de aquel traje de cristianar de principios del siglo XX que sirvió a tres generaciones de una misma familia utilizándose en dieciséis bautizos desde 1911 hasta 2022. Un faldón hecho por encargo a una reconocida lencera de San Sebastián. El traje viste a niños y niñas en antiguas y gastadas fotografías en blanco y negro, sucesivamente aparece una y otra vez en iglesias varias, que de pronto, hacia los años ochenta, se tornan coloridas hasta llegar a la última, en donde la madre que carga al bautizado lleva un cubrebocas.

Las donaciones que son a voluntad –porque hay otras que llegan por diversos azares– y permiten un contacto cercano con quienes donan, representan la oportunidad de conocer qué es lo que hay verdaderamente bordeando la supervivencia de las cosas.

Atavíos para componer secretos

Él y Ella guardaban en la caja de seguridad de un
banco sus secretos.
Sus días en los años veinte entregados al ojo de una
cámara testigo de cómo,
sus cuerpos se hundían uno en otro hasta lo imposible.
Pero no sabemos por qué abandonaron esos días
en una caja que dejó de ser fuerte.
Habrán huido de la guerra.
Habrán huido.
Pasaron los años y en 2018,
el Banco de España trajo los secretos
como donaciones al museo.
No hubo rastro ni señal para devolverlos.
Se dice, que las fotografías estaban a su vez escondidas
adentro del gran marco de un retrato,
que salieron a la luz porque a este lo delató su peso.
A veces, tiemblan las manos de quienes tocamos las
imágenes en este tiempo.
Porque los objetos demasiado íntimos
que no son propios
tienen la impronta de la quema,
rodeados como están de preguntas sobre el azaroso
destino de las privacidades.

Pasa la serie de fotos:
Imagen tras imagen la desnudez,
posiciones sexuales que se repiten
entre decorados de telas vistosas, un mantón de
Manila, alfombras.
Cuerpos gruesos que se entregan al supuesto placer
de las posturas,
mientras extravían sus ojos fuera de sí mismos,
sabiendo que hay un artefacto espía que se dispara solo.

Detención en una foto:
Él, vestido y sentado en una silla,
mira a su cámara sostenida en las manos,
hace la leve sonrisa de quien dialoga hacia dentro con
la máquina en una complicidad
que solo los voyeristas de este tiempo comprenderemos.

Pasa la serie de fotos:
Gesto a gesto Él comienza a travestirse, los tacones,
los prendedores, el maquillaje, el peinado,
el liguero, las medias,
la lencería sedosa.

Detención en una foto:
Mujer Él besa a mujer Ella.

Pasa la serie de fotos:
Mujer Él y mujer Ella se ven juntas
en distintas posiciones amatorias.

Entrelíneas de las fotos:
Si se las mira con detalle se pensaría que son hermanas.
Su parecido físico crea el espejismo
de que la misma persona se desdobla.
Será la intensidad deseante
de convertir en fantasía visual
las identidades que se aman succionadas unas en otras.

¿Para qué se conservarán los sueños eróticos
de esas vidas
en esta casa de las cosas públicas?
Porque son ventanas a los atavíos
con los que componemos
los espacios secretos, a veces reprimidos, censurados,
atavíos capaces de convocar a otros atavíos
para hacer un posible trazo histórico
de los objetos cómplices
que amparan las quimeras.

*Hay días en que los trabajadores y trabajadoras del
museo se desconciertan cuando Él y Ella, o mujer Él y*

mujer Ella, se asoman con su piel expuesta entre las bal-
das. Será el azoro del compromiso, lo inesperado de la
vida, o imaginar qué pasará con el rastro de las propias
confidencias cuando ya no se esté aquí para borrarlo.

Las gafas. Expediente mínimo de una sensación

María Dolores piensa que con los años te llega un momento de vaciarte. No de objetos sino de humanos. Una se vuelve tan insegura que prefiere rodearse solo de sus cosas. Porque los objetos, dice, te acompañan mejor que las personas. Pero son tantos, que un día, decide donar al museo unas gafas de montura blanca. Las compró en Ibiza en 1964 en su viaje de novios. Eran iguales a las que usaba Audrey Hepburn en una película y por eso las compró. Cuando llegó a la isla lo primero que hizo fue deshacerse de su pelo. Nunca más lo volvería a tener largo. Comprarse sus primeros pantalones cortos. Y se dio cuenta que las mujeres casadas, sin trabajo, tendrían que depender para siempre de los hombres. Montada en una vespa con sus gafas puestas, entendió desde entonces lo absurdo que era el matrimonio. Ella, que ya con veinte años, entraba a los bares del pueblo con su pandilla y no con sus padres.

Ahora, si se pone de nuevo las gafas, ve a través la vitalidad de Hepburn, así, arrojadiza, moderna, sin recatos ni contenciones, toda ojos y sin carne por ningún lado. Ve aquella Ibiza más desértica y el aire despejado que a veces tienen las revelaciones insulares. Si este objeto al volverse colectivo no se desprendiera de su historia íntima ¿evocaría ciertas liberaciones en otras personas que vivieron esa época? Tal vez el patrimonio tenga mayor sentido cuando se protege la potencia infinita de una sensación, un soplo que no hay que dejar ir cuando está así tan adherido a la forma de las cosas. Como la remoción que provoca el comportamiento de una actriz, o el viento de una isla, en una mujer joven española durante los años sesenta, remoción cautiva en estas gafas.

Cartela íntima de la pagoda china del siglo XVIII

Lucía venía desde muy joven a ver las vitrinas del museo. Le gustaba siempre detenerse en una de las pequeñas pagodas chinas de madera y nácar que formaron parte del Real Gabinete de Historia Natural. Con los años entró a trabajar aquí en el área de difusión y comunicación. Un día fue al almacén y se encontró con la pagoda frente a frente, colocada como estaba sobre una mesa. La vio sin la defensa del vidrio. Su primera vez con un objeto fuera de las salas en la intimidad, la soledad y el silencio. Fue como cruzar una frontera. Apareció una vulnerabilidad distinta entre ambas por la desnudez de la presencia. Un impacto de cercanía –desbordamientos mutuos– que ahora mantiene como brújula en el servicio público de aproximar el tiempo de los objetos al tiempo de las personas.

El nombre del relojero despierta[13]

Miras uno a uno los objetos de la lista,
no sabes por qué te sientes atraído
por dos relojes de bolsillo,
sí, según crees, todavía no sabes tanto de relojería
–tú que eres estudiante y llegas al museo para hacer
una práctica–,
lees por primera vez su firma cincelada en el metal:
JR Losada
José Rodríguez Losada,
sin que te des cuenta, cuando tus ojos recorren las letras
e l n o m b r e d e s p i e r t a
e l n o m b r e d e l r e l o j e r o d e s p i e r t a,
y en este instante de atracción
aparentemente infundada
acontece el principio de un destino.

Tus manos se vuelven metódicas
y desentrañan maquinarias,
como si supieras hacerlo desde siempre,
este es el reloj 681 de los más de 6000

---

13 Este texto está inspirado en las entrevistas y visitas a la caja
fuerte con Pablo Bernal, investigador de relojes.

que construyó Losada,
ves el reflejo de tu rostro en su cobertura
de oro de 18 quilates,
guardapolvo,
duración de cuerda entre treinta y treinta y seis horas,
agujas pavonadas en negro tipo flor de lis,
un mecanismo te lleva a otro,
imaginas al relojero leonés y liberal
huyendo a Londres,
perseguido por el absolutismo de Fernando VII,
cuarenta años de exilio,
lo imaginas ensamblando eso que ahora tú desarmas,
estudias, describes, desentrañas,
tu habilidad para rastrear relojes crece,
tu conocimiento se hace vasto,
te pedirán catalogar los más de trescientos
de otros autores y épocas que hay en el museo,
sonerías, números de agujas, de bocallaves,
muelles en espiral, horas solares,
horas siderales,
esferas de horas vagabundas, esferas errantes,
quisieras un día escuchar cómo suenan
todos los relojes juntos,
abrirles la tapa y ver un paisaje cabal
del interior de Cronos,

pero te encuentras con los herméticos,
con los que esconden recelosos la tecla que los abre,
los que se desconoce cómo llegaron aquí,
los que engañan con una apariencia
y se desmienten con la forma de sus entrañas,
te encuentras papelitos
que saltan de algún recoveco interno
con las señas de los últimos restauradores,
te impacta la belleza materializada de tantos
trabajadores anónimos,
gemólogos, broncistas, esmaltadores,
que desaparecen bajo la firma del relojero que ensambla,
te cautivan los pocos que llevan grabadas
iniciales de sus primeros dueños,
un dato mínimo que puede humanizar
a los objetos del tiempo.

Pero vuelves, siempre vuelves a los relojes de Losada,
los conoces ahora mejor que las líneas de tus manos,
vuelves como se vuelve a una primera casa,
y comienzan a llamarte de otros museos,
sin darte cuenta, te has convertido en un especialista,
revisas cientos de maquinarias,
y el relojero liberal siempre aparece,
te deja relojes como guiños,

relojes como augurios, como coordenadas,
su n o m b r e d e s p i e r t a en ti de manera obsesiva,
porque le estás agradecido,
porque la memoria no le ha hecho justicia,
y cada vez que abres un libro
su apellido es lo primero que buscas,
llevas un registro de hallazgos,
ahí anotarás también las veces que lo sueñas,
las veces que lo piensas cuando pasas bajo su reloj
en la Puerta del Sol
que donó en 1863,
anotarás aquella vez
que te diste cuenta que había trabajado justo ahí,
en el Real Observatorio de tu propia ciudad,
San Fernando,
sentado donde estabas,
ajustando como tú, manecillas y cifras
más de 150 años atrás,
tendrás sus cartas en las manos,
más de 150 años atrás colapsan
en la certeza de los ciclos juntos
y no hay distancia,
transcribirás su letra torcida con la tuya y de pronto
te parecerá que son la misma persona,
que haces lo que él haría si estuviera vivo,

que él hizo lo que tú harías si estuvieras muerto,
que los especialistas de relojes,
hastiados,
tocaron ya la orilla de las medidas exactas,
saben que las sucesiones no son líneas,
que hay fugas, enredos de minutos,
que no solo se sincronizan segundos
sino ausencias con presencias,
entonces te dejará uno, otro reloj
y encontrarás más trabajos,
más amigos,
otro reloj, y sabrás que te habrá dejado algo,
–¿qué es lo que querrá a cambio?–,
pronto irás a Londres a llevarle flores a su tumba,
pronto, dices, te tatuarás su firma
como recordatorio de un umbral y una ofrenda,
a esta enseñanza de las otras densidades del tiempo.
Y si mañana ardiera este museo,
irías corriendo a la vitrina y le darías un golpe,
te llevarías entre las llamas los dos relojes de bolsillo,
JR Losada,
e l n o m b r e d e s p i e r t a
e l n o m b r e d e l r e l o j e r o d e s p i e r t a,
y en ese instante de atracción
aparentemente infundada

continuaría sincronizándose el destino,
como el componente desconocido de otra forma de
relojería.

Cartela íntima de un belén en la cocina

Hay una pieza que con los años se ha ido formando y se exhibe únicamente en la cocina para Navidad. Es el belén protagonizado por los trabajadores y trabajadoras que confecciona Josefina. Con cuerpos de tela, cartón y papel, recorta una fotografía de cada cara y la superpone a un personaje –a veces invitado, como Superman– según las virtudes de cada quien. Cuando se coloca forma un paisaje de la historia laboral, porque conviven las y los nuevos con las y los retirados en un ejercicio de memoria. Por eso, cada año aumentan las figuras. Y lentamente, quienes aquí trabajan pasan a ser pieza de un museo que acontece espontáneo, autónomo y paralelo al oficial. Quizá con el tiempo, llegará el día en que este belén cambie de adscripción y se mude a las salas públicas en la época de exhibición de belenes patrimoniales. Como aquel mexicano de 1850 colocado en una vitrina, del que nadie supo cómo se cayó una vez y por voluntad divina Dios-Padre, dándose de frente con el buey cornudo que rasgara sus ropas.

Paisaje de voces. Custodias y custodios de los objetos

La única persona que conocía el museo era mi abuela, y mucha gente me dice: «¿Qué tenéis ahí? ¿Qué son las artes decorativas?». / Lo decorativo no es una forma pasiva, es un índice de tránsito y de utilidad. / Parece que al decir «artes decorativas» se dejan de lado otras cosas, como por ejemplo quién lo hizo, para qué lo hizo, todo el aspecto social que tiene un objeto. / Yo creo que es conocer nuestra historia, si olvidamos quiénes hemos sido, no podemos aprender ni de lo bueno ni de lo malo, ni comprender por qué hacemos ciertas cosas. / Estudiar continuamente los mismos objetos nos ayuda a trazar la historia de cómo ha ido cambiando el pensamiento social. Hay muchas cosas que nos dan los objetos de nuestro entorno que forman parte de nuestra identidad, de nuestra comunidad ¿qué significa para ti tu mesa, tu rincón de lectura? / Las diferentes vidas que tienen las piezas a lo largo de historia, hay trozos de madera clavados, reparaciones, hechas de cualquier manera por el carpintero del pueblo o en la casa, estas piezas han tenido mucha vida, no siempre han sido de museo, es ahora que las consideramos así. / En general estos objetos se hacían para gente que tenía mucho dinero, está bien contextualizar eso y no perder de vista que esto no era de todos sino de algunos. / Estos objetos son manifestación del poder y de la riqueza de sus dueños, sí, ya lo sabemos, pero cuéntame algo más y tampoco puedes caer en esa trampa de, esto estaba mal porque eran los malos, los opresores. / La mirada hacia el pasado tiene que tener algo de crítica, hoy nuestras preocupaciones son la igualdad en todos los sentidos. En un museo como este que tiene la tentación del halago de lo exquisito, lo costoso, está muy bien que se vean cosas estupendas, pero de eso a que las personas se imaginen en un entorno en el que sueñan aquello que no son, no se trata de eso y, sobre todo, hay que aproximar esas cosas del pasado y del presente a lo que somos o podríamos ser. / ¿Tenemos que conservarlo todo o tenemos que seleccionar? Y si seleccionamos ¿en base a qué criterio? que deje traza de lo que somos para luego. / Los que nos dedicamos la historia de la cultura material tocamos las cosas desde otro punto de vista. /Tratamos los objetos como anatomías que se diseccionan sin romperlas, sino pensándolas. / Aunque tocamos las cosas con guantes, dices: «Estoy tocando algo que ya tocó alguien en el siglo XVI»; y sientes una especie de conexión temporal. ¿Por cuántas manos habrá pasado esto? / Estoy en casa y digo: «¿Esto iría para el museo si es un simple tenedor?». Y luego lo pienso, sí, a lo mejor dentro de doscientos años. / El papel higiénico El Elefante era un papel muy áspero que se utilizó en todas las casas, los neoyorquinos que venían a España se traían su papel en la maleta, ya sabían lo que les esperaba aquí en una determinada época. Es lo que nosotros somos, lo que han sido nuestros culos también, a lo mejor por eso tenemos los culos pelados y somos tan resistentes en muchos aspectos ¿sabes? / Hay muchas piezas que no sabemos en qué año entraron a la colección, ni a quién pertenecieron, ni si se donaron o se compraron, nada, porque el archivo sufrió pérdidas con el cambio de sede, entre otras cosas. / Un arca, una caja, un cofre son denominaciones diversas para muebles de guardar, los pequeños, las arquetas, los cofrecillos viajan y por tanto son transmisores de conocimiento y transmisores de ideas. / Tenemos muchas piezas que son recuerdos de Roma, recuerdos de Constantinopla, muchos de los objetos de arte oriental de la colección no están fabricados como *souvenir*, pero sí se convirtieron en un *souvenir*: esto se lo trajo el abuelo en aquel viaje de la vuelta al mundo, o el abuelo era marino y trajo un plato de porcelana china, una figura de marfil. / A lo largo de los últimos años yo creo que nos van interesando más esos objetos que están en las fronteras, no puede todo esto tener solamente el valor de una reliquia, tiene que tener alguna vinculación con el aquí y el ahora, con el futuro.

Agradecimientos

Durante el trabajo de campo convivimos y nos entrevistamos con el personal de distintas áreas del museo –que trabajan, han trabajado o han hecho sus prácticas aquí–, ellas y ellos y sus historias de vida están entretejidas con nuestra percepción en esta obra de una u otra manera. Gracias por la complicidad y el apoyo a Sofía Rodríguez Bernis, Félix de la Fuente Andrés, Paloma Muñoz Campos-García, María Dolores Vila Tejero, Leticia Pérez de Camino, Pablo Bernal Sánchez, Nuria Moreu Toloba, Encarna Martín de la Cruz, Teresa Pérez-Jofre Santesmases, Noelia Alonso Rodríguez, Antonio Moles Matías, Félix García Díez, Javier González Zaragoza, Silvia Alfonso Cabrera, Juan José Quirós, Melania Mora Luna, Mercedes del Valle Gutiérrez, José Luis Díez Garde, Blanca Aranda Rubio, Julia Ogáyar Sáiz, Margarita Arroyo Macarro, Lucía Aguirre Vaquero, Raquel Cacho, Ainhoa López de Lacuesta, Sara Prieto Huecas, Francisco Morón Sánchez (Paco), Emilio Calleja Martín, Iris Salinas López, Victor Tirador García, Lucía Aragón Seguí, Javier Alonso Benito, Josefina Ruiz Ruiz, Eva Pareja Orduña, Rocío de Castro García y Jesús Leonés.

Gracias a todas y todos los vigilantes de sala del museo, por su labor cotidiana.

Gracias a Alberto Conejero, por imaginar y proponer las raíces de este proyecto.

A Xavier Bobés (detective X), por estar en la esencia.

A la editorial La uÑa RoTa, por ser nuestra aliada en darle materialidad a las palabras.

Gracias al equipo del Festival de Otoño 2023.

Gracias también a todas esas personas, algunas anónimas y desconocidas, que con sus manos confeccionaron los objetos de la colección del Museo Nacional de Artes Decorativas.

Shaday Larios (México) Es doctora en Artes Escénicas por la Universidad Autónoma de Barcelona y licenciada en Letras Españolas por la Universidad de Guanajuato. Estudia el máster en Investigación Antropológica y sus Aplicaciones en la UNED. Codirige la compañía de teatro de objetos documentales Oligor y Microscopía junto a Jomi Oligor. Es cofundadora de El Solar. Agencia de Detectives de Objetos, con la que realiza trabajos de campo en distintas comunidades para explorar junto a sus residentes los vínculos entre ciudad, memoria y objetos. Además de Archivo de la delicadeza, aquí publicado por primera vez, es autora de los libros *Escenarios Post-catástrofe: Filosofía escénica del desastre* (Premio Internacional de Ensayo Teatral CITRU-Paso de Gato-ArtezBlai, 2010), *Los objetos vivos. Escenarios de la materia indócil* (Paso de Gato, 2018), *Detectives de objetos* (La uÑa RoTa, 2019) y Teatro de objetos documentales (La uÑa RoTa, 2023). Coordina el Circuito de Memoria Material en distintos países y se dedica a la docencia e investigación de las materialidades insumisas.

Esta primera edición de
Archivo de la delicadeza
de Shaday Larios,
se terminó de imprimir el 19 de noviembre de 2023,
fecha de su estreno en el
Museo Nacional de Artes Decorativas
dentro del Festival de Otoño
en Madrid.
Para quien desee visitarlo
sin extraviarse,
el MNAD está ubicado impepinablemente
en las coordenadas
40°25′04″N 3°41′23″O